SHIRLEY WILLIS nació en Glasgow, Escocia. Ha trabajado como ilustradora, diseñadora y redactora, principalmente de libros para niños.

BETTY ROOT era la Directora del Centro de Lectura e Información sobre el Lenguaje de la Universidad de Reading, Inglaterra durante más de 20 años. Ha trabajado con numerosos libros para niños, incluyendo obras de ficción y literatura fuera de la novelística.

PETER LAFFERTY era maestro de ciencias de una secundaria. Desde 1985 se ha dedicado a escribir libros de ciencias y tecnología para niños y para la lectura en casa. Ha redactado y contribui a varios diccionarios y enciclopedias científicos.

REDACTORA: KAREN BARKER SMITH
AYUDANTE DE REDACCIÓN: STEPHANIE COLE
ESPECIALISTA TÉCNICO: PETER LAFFERTY
ESPECIALISTA DEL LENGUAGE: BETTY ROOT

UN LIBRO DE SBC, CONCEBIDO, REDACTADO Y DISEÑADO POR
THE SALARIYA BOOK COMPANY, 25 MARLBOROUGH PLACE,
BRIGHTON, EAST SUSSEX BN1 1UB, REINO UNIDO.

ISBN 0-531-11843-6 (LIB. BDG.)
ISBN 0-531-15993-0 (PBK.)

PRIMERA EDICIÓN ESTADOUNIDENSE 1999, FRANLKIN WATTS
GROLIER PUBLISHING CO., INC., 90 SHERMAN TURNPIKE, DANBURY, CT 06816

VISITE A FRANKLIN WATTS EN EL INTERNET A: HTTP://PUBLISHING.GROLIER.COM

GROLIER
PUBLISHING

La documentación de catálogo que corresponde a este título se puede obtener de la Biblioteca del Congreso de los EE.UU.
IMPRESO EN ITALIA.

LOS ESTUPENDOS

ÍNDICE GENERAL

Dondequiera que veas este símbolo, pídele a un adulto que te ayude.

LOS ESTUPENDOS

DIME QUÉ TAN RÁPIDAMENTE VA

Escrito e
ilustrado por
SHIRLEY WILLIS

W

FRANKLIN WATTS
A Division of Grolier Publishing
NEW YORK • LONDON • HONG KONG • SYDNEY
DANBURY, CONNECTICUT

¿CÓMO PUEDO CORRER?

Los músculos hacen que se mueva cada parte del cuerpo. Los músculos fuertes permiten que corras rápidamente.

¡LISTA!

¡EN SU MARCA!

¡ADELANTE!

Entre más trabajen los músculos, más rápidamente puedes correr.

Tenemos músculos por todo el cuerpo. Puedes sentir cómo trabajan los músculos. Haz un puño y podrás sentir cómo se abultan los músculos de la parte superior del brazo.

7

¿CÓMO MEDIMOS LA VELOCIDAD?

La velocidad significa qué tan rápidamente viajan las cosas. Se mide en distancia exactas, por ejemplo, una milla.

¡EN SU MARCA, LISTO Y ADELANTE!

Midan una distancia exacta y túrnense para correr. Necesitarán un cronómetro para medir en cuánto tiempo corre cada persona y para saber quién corre más rápidamente.

Si puedes correr dos millas en una hora, tu velocidad es dos millas por hora.

¡DOS MILLAS POR HORA EN FORMA ABREVIADA SE DICE DOS MPH!

9

¿SON MEJORES CUATRO PIERNAS QUE DOS?

Los caracoles son los animales más lentos (mundo. Viajan a la velocidad de 0.03 mp

Muchos animales pueden correr más rápidamente que nosotros porque tienen músculos más fuertes. Los animales tienen músculos poderosos que permiten que corran muy rápidamente.

Las chitas son los animales más rápidos del mundo. Viajan a una velocidad de 62 mph.

¡UN GATO PUEDE CORRER A LA VELOCIDAD DE 30 MPH!

¡UUUFFF!

11

¿CÓMO PODRÍA IR MÁS RÁPIDAMENTE?

¡NO PUEDO CORR
TAN RÁPIDAME
COMO EST/
MÁQUINAS

Las ruedas permiten que vayas más rápidamente. Una máquina con ruedas te permite utilizar mejor los músculos.

Entre más enérgicamente trabajen los músculos, más rápidamente dan vuelta las ruedas.

12

EL PODER DEL PEDAL

Entre más enérgicamente muevas los pedales de la bicicleta, más rápidamente darán vuelta las ruedas.

Las bicicletas y patinetas son máquinas que tienen ruedas.

13

¿POR QUÉ VA MÁS LENTAMENTE LA PELOTA?

El roce de la pelota contra el cesped causa la fricción. La fricción hace que la pelota vaya más lentamen hasta que deje de rodar.

14

La fricción causa calor. Frota las manos. ¿Se sienten más calientes? Ahora trata de hacer lo mismo con las manos cubiertas de jabón. No se calientan tanto. Las manos resbalosas causan menos fricción.

Se causa la fricción cuando se frotan las cosas. La fricción hace que vayan más lentamente las cosas.

¿POR QUÉ SE RESBALAN LOS ESQUÍES?

La nieve y el hielo son muy lisos. Los esquíes son lisos también. Los esquíes resbalan fácilmente porque no hay mucha fricción.

¡LAS SUPERFICIES LISAS CAUSAN MENOS FRICCIÓN!

Puede ser difícil detenerse
cuando no hay mucha fricción.

¿CÓMO PUEDO NADAR MÁS RÁPIDAMENTE?

Cuando nadas, causas fricción en el agu[a] lo cual hace que vayas más lentamente. Nadas más rápidamente cuando causas menos fricción.

18

Causas menos fricción al moverte por el agua tan suavemente como puedas.

Una forma larga y lisa del cuerpo pasa suave y rápidamente por el agua.

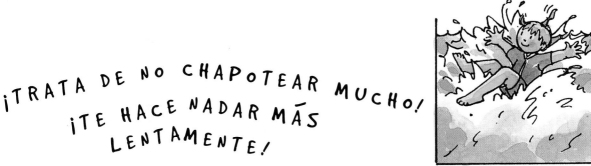

Saltar al agua causa un chapoteo grande que hace que vayas más lentamente.

¡TRATA DE NO CHAPOTEAR MUCHO! ¡TE HACE NADAR MÁS LENTAMENTE!

19

¿POR QUÉ TIENEN VELAS ALGUNOS BARCOS?

Los barcos que tienen velas utilizan el poder del viento. Cuando el viento sopla contra las velas, empuja el barco. Entre más fuerte el viento, más rápidamente puede moverse el barco.

¡A NAVEGAR!

Necesitarás: Un recipiente de
                 plástico
               Una pajita de plástico
               Arcilla
               Una hoja de papel

1. Haz una vela con la pajita y el papel, como se ve en el dibujo.
2. Pega una bolita de arcilla en el fondo del recipiente.
3. Mete la pajita en la bolita de arcilla.

¿POR QUÉ VAN RÁPIDAMENTE LOS AUTOS?

Los autos van rápidamente porque tienen motores. Los motores son más poderosos que los músculos de los seres humanos o de los animales.

El aire causa que el auto vaya más lentamente.
Los autos rápidos tienen formas lisas y redondeadas para ayudarlos a moverse más rápidamente contra el aire.

Los autos rápidos tienen motores más poderosos que los autos lentos.

23

¿CÓMO ARRANCAN LOS TRENES?

Motores poderosos jalan los trenes. El poder del motor viene de la electricidad. La electricidad viene por medio de alambres eléctricos elevados o rieles eléctricos al lado de los rieles del tren.

El pantógrafo es un aparato que trae la electricidad al motor desde los alambres eléctricos elevados.

24

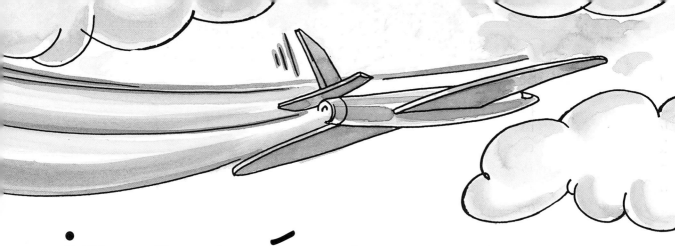

¿POR QUÉ HACEN RUIDO LOS AVIONES?

¡EL RUIDO ME DA DOLOR DE OÍDOS!

Los aviones tienen poderosos motores de reacción para poder moverse muy rápidamente.

26

EL MOTOR DE REACCIÓN

Hay gases que se queman y las ráfagas se precipitan de la parte de atrás de un motor de reacción y causan que el avión se mueva a una velocidad tremenda.

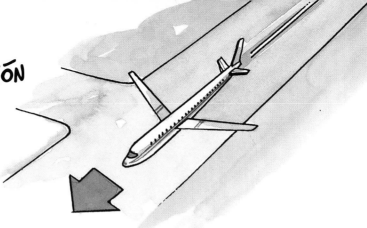

Los gases que se queman dan poder a los motores de reacción.
Los gases hacen un ruido tremendo cuando se queman.

Puedes usar el aire para hacer mucho ruido. Infla una bolsa de papel y pégala fuertemente. Explotará con un ruido resonante.

¡ZAS!

¿POR QUÉ VA TAN RÁPIDAMENTE?

Los cohetes espaciales
tienen motores
poderosísimos.
El motor de un cohete
tiene que ser bastante
poderoso para poder
lanzar el cohete a
su vuelo espacial.

¡PARA ENTRAR EN EL ESPACIO, UN COHETE TIENE QUE VIAJAR A LA VELOCIDAD DE 25,000 MPH!

Los gases que se queman dan
poder a los cohetes espaciales.
Los gases empujan el cohete
espacial para arriba.

¡EL DESPEGUE!

Infla un globo y suéltalo.
Mientras que se escapa el aire
que tiene adentro, se lanza
el globo por el aire.

29

GLOSARIO

cohete   Una máquina poderosa que lleva las naves espaciales al espacio.

distancia   La cantidad de espacio entre dos objetos o lugares.

electricidad   Un tipo de poder que hace que muchas máquinas funcionen. Viene de centros de poder eléctrico.

fricción   Una acción de frenar que ocurre cuando se frotan dos cosas.

kilómetro   Una unidad de medir de 1,000 metros.

milla   Una unidad de medir de 5,280 pies.

motor   Un aparato que produce el poder de las máquinas.

motor de reacción   Un motor de un vehículo aereo que expele gases calientes de la parte de atrás de un avión para empujarlo para adelante.

músculos   Las partes del cuerpo de los seres humanos y los animales que hacen posible toda clase de movimiento.

pantógrafo   Un aparato que provee electricidad de los alambres eléctricos elevados al motor de un tren.

poder del viento   El poder del viento hace que se mueva un objeto.

vela   Un pedazo de tela en un barco donde choca el viento y así impulsa el barco para adelante.

velocidad   Indica qué tan rápidamente se mueve algo.

ÍNDICE